靜悄悄 無聲無息 是魔力滑進了心底

讓我一見你就著迷

心慌慌 若即若離

沒有留戀的足跡

現實只是我的假想敵

悄悄愛上你 像被你侵襲 失去原本的美麗

太著急等你的回應 卻忽略你眼底的顧忌

那一夜 初識你 我心跳莫名

再一眼 多點甜蜜 我就飛向你懷裡

是你讓我魂縈夢牽

說愛我 多點確定 就能讓我跟隨你去

讓我跟隨你美麗而去

悄悄愛上你 是你不知道的祕密

那一夜像場夢 就這麼悄悄愛上你

我喜歡你，是真心的；
我討厭你，也是真心的。

作者／李 燕

Contents

TALKING ABOUT LOVE

TAKE A BREAK

C'EST LA VIE

STAND BY ME

KEEP THE FAITH

#自序

曾經簽過兩間出版社，在第一間出版社完成了五萬多個字，因為涉及旁人的故事，最後我決定不出版。

平常喜歡在臉書、IG 分享我的小心情，有時正面能量爆表，偶有負能量爆發。那都是我的小宇宙、那是我的日常。

經常收到粉絲朋友私訊我，喜歡看我的短文，有時感觸良多像寫到他的心坎裡、有時激勵人心將人拉出絕境，殊不知最激勵我的人是你們。沒有這個鼓勵，我不敢出版，自詡學識不高，高中畢業後沒有再升學，又可能因為自卑覺得自己所學不多，反而養成閱讀的習慣。

過去有段灰色的人生，因著兩本書，大大的改變我的生命，文字也能蘊藏豐富的溫度、文字也能像醍醐灌頂瞬間了悟，我是親身經歷過，才抱著一絲期待，自己笨拙的文字能一點點的影響別人！

期待在這本書裡，有某一個篇幅，是能讓你讀進心裡，那就不枉此行！

一封寫在日記裡的情書

身邊有一個女性友人，條件樣貌算是挺不錯，因緣際會在工作場合中認識了一個男孩，那男孩很靜，話不多，總是一個人默默做著自己的事，女孩個性爽朗，他們的開始應該算是女孩主動的，當然是以最通俗的社交網站串起彼此——

那一天他們又一起工作到很晚，交換了彼此的電話號碼後各自回家。

當天，女孩就收到男孩寄來的訊息，是封對女孩來說很溫暖、對男孩卻是極單純的問候訊息，就這麼踏出了第一步。他們熱絡的交流著訊息，分享當日的心情，就這麼持續了幾天，女孩漸漸感受到生活裡出現了一絲溫暖，曖昧的情緒逐漸擴張，每天睜開眼就想到那男孩，雖然他們還只是觸摸在友達以上。

可突然間，那男孩失蹤了，沒有訊息、沒有原因的。女孩

沮喪之餘寫了一首詩給男孩。當然，那是寄不出去的，只能放在心裡悄悄發酵。

女孩失落的每天自問自答，希望尋找出一點答案。

過了兩週男孩還是沒出現，女孩心想是該放棄了，畢竟，那男孩應該不懂她的心。於是女孩試著轉移自己的注意力開始跟別人約會，可每次出去，她都逃著回家，根本無所謂背叛，但心裡確實容不下其他人。

一晚，女孩又急著從約會的現場逃離，實在太過惆悵，按捺不住情緒她發了訊息給男孩，不著痕跡故作輕巧的問候他過得好嗎，僅止於此。

隔天，女孩照慣例張開眼就拿起手機，企圖尋找男孩捎來的消息。終於盼到男孩的回音，她欣喜若狂，又繼續著他們的故事，隨著每一次訊息的出現，女孩的笑容都跟著增加，愛情在女孩心裡蔓延開來。

那男孩總是很溫柔的對待這女孩，每一次碰面，總讓女孩覺得彼此是很親近的，雖沒有肢體上的觸碰，可言語間流露出的溫柔，讓女孩心跳加速著，慌亂得無法自已。但分開的時間總是比相聚時來的多，分開時，男孩像成了另一個人，似乎距離增加了他的冷漠，完全不像在她見到時的

他。他所能給予的，唯有偶有的臨幸，當然這臨幸，只能讓女孩見他一面而已。

有天，女孩敵不過心裡的猜忌，男孩捉摸不定的情緒讓她急切的想知道為什麼。

那晚的約會，男孩終於坦誠的告訴了她。女孩含著淚靜靜聽著，頭不敢抬，藉故離開，先讓眼淚宣洩後再微笑著回來，強裝鎮定的，卑微的珍惜與男孩的兩人世界。

兩人就這麼互相取暖的走在一起，日復一日的友達以上戀人未滿。

女孩拋棄了自我，緊緊跟著男孩、配合他的腳步，期待有一天他能真的愛上她。

女孩總細心呵護這段感情，為他製造生日驚喜、喜歡他的喜歡、犧牲了自己的睡眠、拒絕了所有的邀約，只想多點時間陪在他身邊，她用盡全部的心力只盼他多一眼的溫暖。可是這男孩憂鬱的氣息，經常讓她提心吊膽。這敏感的女孩總會在有意無意間看見男孩眼底的悲傷，她心疼這男孩，不想他再這麼掙扎，於是寫了封好似絕情的訊息給他，讓彼此有喘息的空間。而最終這個滿懷心事的男孩，果真無聲無息的走了，女孩只能在日記裡又寫下另一封寄不出的

情書──

「男孩，我知道你試著努力迎向我，可是情感上的缺口，我永遠無法為你填補，你的心早在上一段戀情結束時就遺落在她那了，我拚了命的給你溫暖，卻發現，我愈是努力，你愈是難以拒絕我。我懂得你的不忍心，所以選擇讓你走，去尋找你心的自由！女孩留」並在文末附上一首倉央嘉措的詩代表自己的心情。

你見　或者不見我　我就在那裡　不悲不喜
你念　或者不念我　情就在那裡　不來不去
你愛　或者不愛我　愛就在那裡　不增不減
你跟　或者不跟我　我的手就在你手裡　不捨不棄
來我的懷裡　或者讓我住進你的心裡
默然相愛　寂靜歡喜

TALKING
ABOUT LOVE

Loving A Man

我的空白，要由你填上色彩。

我喜歡看男生單眼皮，單眼皮乍看下沒有攻擊性，既斯文又柔軟的，讓人感覺暖暖的。

我想找一個看到我笑，覺得幸福滿足的男人。那樣的愛應該備感呵護、疼惜，眼裡滿是愛意，彷彿我就是他的寶物一樣珍貴，痛著我的痛，愛著我的愛，讓我成為最得寵的那一個。

知冷暖、懂悲歡，懂比愛重要。萬人寵不如一人懂。

先別急著愛我，等看透我的愛恨情仇，扛得住，再與我一生相守。

曾經有人問我到底要什麼樣的男朋友，我仔細思考了這個問題，大概就是久處不累，強大到可以包容我的喜怒哀樂，在他面前可以安心作自己，並且確信這樣的我，他永遠不會離棄。

世上最美的話不是我愛你，而是我在呢！

日久生情，生的是日積月累的情動；一見鍾情，鍾意的是剎那的心動。

我喜歡你，怎樣都方便；我不喜歡你，怎樣都不便。

戀愛時我們都想在情人心上，留下深刻的回憶，那些笑與淚都想永不被抹去，當有一天走不下去，仍然要在對方心上留下印記，想成為那無可取代的萬中選一。

縱有千言萬語，也無法予一人說；如是情到深處，也無法言喻。

一個人擁有的外在、能力、財富、權力，都無法決定伴侶是否會永遠深愛著你。相貌看久會熟悉、相處長久會乏趣，一切變得平淡無奇，唯一燃燒著熱情的是一顆心，應該讓它充滿好奇、怎麼都不膩。

深情不及長伴，深愛無須言語，久處不厭才是真愛。

只有在愛的人面前，才表現得出光采、笑容和愛。

嫉妒、吃醋從來不是壞事，它能讓人更加了解自己內心的不自信跟對愛的渴求，同時也能讓對方知道你的需求，負面情緒並不會讓人生病，壓制它的同時才是病源的開始。

無法再更愛你了，我只能為你摘星星，陪你過春夏秋冬。身邊心愛的人珍貴的程度，取決於你愛他的深度。

今日看到一則社會新聞，先生因故車禍身亡，太太哭喊不能失去他，文中有許多先生呵護太太的日常點滴、照片、文字。適逢我心裡悲傷時刻，感觸良深，卻也在那一瞬間明白，太太的悲慟，那是來自於先生平日的疼愛、幸福的生活，而我的悲傷要從何而來，我忽然間明白了……

我想要的愛情，從來不在花前月下，而在風雨共濟，是經過歲月打磨，依然愛你如初，這般真切。

比天高的自尊，卻在愛面前低到塵埃裡。

Relationship

生活是很真實的柴米油鹽，絕對不會只是瓊瑤、林黛玉。

女孩兒，在決定深愛之前，請先修煉成金剛鑽石心吧，有多難搞就多難搞，一點也不需要假裝隱藏，唯有呈現真實的自己，對方依然不會離開，那才是真愛，免得誤入歧途，青春餵了狗。

一直以來都認為尊嚴很重要，可以失去一切，但它總在萬事之上。我們必須先學會尊重自己，別人才懂得尊重你。愛也很重要，可，尊嚴總在愛之上。

如果你愛風花雪月，就找一個給你滿滿愛跟情話的人；如果你愛獨立自主享有個人空間，那你就單身吧。

總有那麼一個人，一天總是要想上個兩三回，手機也總是

盼著他的名字出現，生活中沒有太多的交集，可他一舉手一投足總映入眼簾又記在心底，久久才能見上一面，卻又像朋友般輕鬆談笑，有時甚至忘了自己還正仰慕著，沒有約束，彼此也不常聯絡，更無需報備，我想這就叫偷偷喜歡吧！

我以為感情的世界裡分兩種人，一種是接受者，一種是給予者，愛與被愛從來都不是件公平的事，沒有理所當然，只有心甘情願。

當你給的愛太多，對方不需要時，請先認真檢討自己，是否太輕易釋放感情，對方的不珍惜不是自私，只是忠於自己，認真愛著自己，這當中有能學習的功課，愛自己的人往往都比較容易得到幸福，此刻請拒絕陷在自己創造的黑洞裡無限放大負面情緒。

多數人都是透過男女間的情愛來證明自我價值，經由在愛裡得到的滿足幸福肯定了自己，可當有一天愛不再，就瞬間打回原形，自我認同感極低，撕心裂肺的痛著，那是透過別人來愛我得到的虛擬自我價值感，你評斷自己的遠遠不及你真實的樣貌。

「憐香惜玉」意指男子對所愛女子的疼愛跟憐惜。做不到的男子，要嘛你不是男人，要嘛她不是你愛的女人，如此而已。

愛情是什麼，我真的不懂，是要在愛的濃烈時，死裡去火裡來嗎？還是不能丟棄的食之無味，棄之可惜的白開水？是隨著手機響起的頻率感覺加速的心跳？是殷殷等待簡訊的回應心情？

最可怕的是一切變成習慣，習慣了那些自己討厭的事，習慣了那不滿意的生活，習慣了那將就的伴侶。

內心對於愛的缺乏，經常透過攫取外在的東西來填補，或用外遇來滿足。如果能滿足心靈上的匱乏，相信就不會有購物狂或劈腿等等的脫序行為了。

我把所有的不幸福都怪在你頭上，那是因為，跟你在一起時是我最幸福的時光。

兩個人在一起應該是要開心的，可怕的不是單身，可怕的是，兩個人在一起卻像一個人生活，覺得寂寞。
曾經有人跟我說過：「你懂不懂，咫尺天涯跟天涯咫尺的差別？如果人在一起，心卻無法靠近，不也枉然。」

選錯對象就像選錯排隊路線，看著別人健步如飛，自己卻步履蹣跚。

如果能回到故事的開始，那一晚，我不會答應你的邀約，

也就沒有後來的傷痛，寫下了第一頁，開啟了這段悲喜交織的愛恨情仇，如果可以選擇，我不要愛也不要痛，寧願從來沒有過。

應該是父母的離異，讓我對感情特別沒有安全感，那年對父親最後的記憶停在他離家的背影，所以我給愛情下了一個注解，你可以不愛我，但是不能背叛我，我已經經不起再一次被遺棄。

感情這門功課，我是不稱職的，除了完成長輩交託的責任外，我沒有做好其他事，其中包含了妥協這件事，這當中我不斷在跟自己角力，我希望成為自己期待的那個模樣，在本位上像工作這樣拚命，有一個夢想中的愛情，卻忽略了，這是兩個人的團體戰，不是一個人的孤軍奮戰。

當愛情被生活消磨殆盡，婚姻就成了墳墓，停住就後退了。我始終相信，一定有一種方式，是適用兩個來自不同環境的男女，致所有婚姻卡關的你。

一直都不懂得愛情，卻不間斷的談戀愛，最後才發現，以為愛的是自己，其實，根本連自己都不愛。

關於愛這回事

一般人最初對於愛情的想像，都源自於父母親，雖不見得正確，卻是最清楚的雛形，也因此我對婚姻並不抱持著太大的希望。

年輕時談戀愛扮演的都是被照顧的角色，因為家庭壓力，我已經不想在感情上扮演照顧對方的人，我自認為當時家庭的生活壓力，讓我沒有多餘的心力去為對方做些什麼，就像個公主，被哄著、捧著，只懂得接受卻不會付出，也因為太年輕不懂得為對方設想，就這麼任性了幾年，但回頭想想那時的戀愛，很簡單、很純粹，就只是接受。

經歷過戀愛、失戀、再戀愛，當逐漸厭倦自己的行為後開始打住，我又開始想，只有精神病患才會重複做著相同的事情，卻希望有不同的結果。而我，不就是名精神病患嗎！

從初識時的曖昧不明、心跳加速，接著進入中期的甜甜蜜蜜，到後期的穩定平淡、如同家人的關係，這過程中我又體會了多少，或者說我又努力了多少？

我想每個人都喜歡愛情剛發生的那種心動，永遠猜不透對方的想法，但也因此愈讓人更盲目的追逐。

交往後，我喜歡跟另一半時時相依偎，當然也像其他的女孩一樣，會傷心、吃醋、忌妒等等反應，從來不會因年齡的不同而有所差異。

可當我真誠的面對自己，對於愛情，我確實沒有認真的努力堅持過，我是一個膽小鬼，禁不起感情上的波折，也無法抵禦愛情的入侵，甚至，無法接受對方的先離開。

我仔細想過這些問題，當我的感情有一絲絲風吹草動，或是當我察覺對方在改變的同時，這一切都會讓我非常害怕，甚至為了保護自己，而在對方開口前先悄悄離開了。所以在感情上，我一直是懦弱的人，因為害怕失去的同時，

已經先將對方推遠，如果當初我多一些勇敢，或是多一些用心，也許今天感情就不會這般了。

有一段時間甚至憤世嫉俗的認為，愛情，不過是排遣生活中無聊的遊戲，本人沒興趣、再愛都會過去等等的偏激想法；也或許，因為受過傷，所以怕痛，想找些藉口來掩飾自己不戀愛的理由。可真是如此嗎？捫心自問，有哪個人不渴望被愛或是愛人呢？

時間會帶走傷痛，你只需要準備好自己，迎向溫暖的陽光，一切都有定時，早一點、晚一點，都不及準點的美好。

Broken Heart

我以為我的溫柔能感動你的所有，故事結果是我太天真，
我的溫柔不僅融化不了你所有，還讓你感到絆手。

接受不被愛這個事實很殘忍，卻也最真實，只有認清愛與
不愛才能放手拼搏一個自由的未來。

不知道你是哪裡來的自信，怎麼還傻的以為我會照著你的
劇本，陪著你搬演那套戲。最初始的一刻，到結束的最後，
你想的依然是你自己。是的，我認同你說的，總會有所學
習成長，但在你身上我學到的只有如何自私的愛自己。

永遠不要為了一個自私的人，失去了自我，你委屈了自己
多少，他就看輕了你多少。

失去一個深愛自己的人，才需要難過，傷心之前，先想一想他疼愛妳、呵護妳、珍惜妳嗎？若妳只是失去一個不愛妳的人，何須難過。

一個劈腿的男人，失去的遠比你還要多，你就是付出了感情、時間、金錢，而他失去的卻是一個深愛他的人，所以怕的是討不回來的愛，付出須得到回報，談戀愛本來就是有所求的，就是要求你的愛，這就是一種最昂貴的報酬。

沒啥好爭的，該你的跑不掉，跑得掉的你也追不到，很八股但相當受用。得之我幸，失之我命。

心裡沒你的人，就算放下尊嚴百般討好也感動不了他。犧牲換不得圓滿，只得到同等的輕視，討來的一點也不珍貴，唯有發自內心的才難能可貴。

個性不合深藏著很多寓意，只有當事者才懂得。

Break Up

錯的人，遲早會離開，你不愛我，走開真的沒關係，一刀兩段，再無干係。

不要把自己生命的價值，建立在對方的態度及膠著的關係上。

不要讓現在的不合適，影響到以後你的人生，再不甘也要快刀斬亂麻的趕快好好快活呼吸。

想想初識時那個心動，現在想來特別諷刺，曾經山盟海誓，而今見面不相識。

分手本來就不是件開心的事，何須勉強自己一定要笑呢？使勁的哭，當有天哭累了，自然就不哭了！

每一次分手後都覺得當初如何如何，今天就不會分開了，可是在那當下的自己就是做不到也過不去，現在的紙上談兵當然容易多了，再一次，也還是會分開。

謝謝你的無情，才能讓我痛下決心，單靠我一個人真的做不到分離，感謝無情人！

遇見錯的人，你對世界的理解，是他無法理解的世界。

有一天你會感謝此刻的自己，對自己夠決絕，才能換得將來的幸福。

「此生再不對拋棄我的人掉一滴眼淚。」這是《延禧攻略》裡的台詞。送給每一位在感情裡受傷的人，那是一種對自己的珍重。

謝謝妳，我的好朋友

「妳沒有安全感，需要一個懂妳、承受妳的悲觀、妳的倔強、妳的無理取鬧、讓妳放心作自己，並且不用害怕要面對失去的人。我想，能讓妳真心愛上的人一定很幸福，因為妳一定也會盡全力去維護、經營妳要的簡單平凡而溫暖的家，但要和妳在一起的人要夠有勇氣，因為能愛得深的人往往也恨得用力。」

這是我的好朋友寫給我的一段訊息，她陪我經歷了一段黑暗期，任憑我在情緒黑洞裡無限沉淪，她教會我獨自面對這件事，所謂的獨自面對，不是放任我不管，而是不剝奪我成長的機會，那段時間，我們形影不離，她伴著我度過那場風暴。

Reborn

一個糟糕的男人，會讓他的女人，見到每一個男人都覺得
相見恨晚。

不知道別人是否有同樣的人生經歷，在結束一段感情後，
才驚覺其實從來都沒有失去，因為在這過程中並沒有得
到，得到心靈上的滿足、得到完整的安全感，但卻撕心裂
肺的痛著，那最痛苦的，並非失去對方，而是與心中的愛
分離。

你來到我的生命裡，讓我從冰冷變得溫暖，你離開我的生
命中，讓我從溫暖又變回冰冷，那一冷熱的交替，讓人鍛
鍊成得加堅毅。

現在分手讓你傷心得要命，好過將來讓你死於非命。當斷
不斷，必受其亂。

如果現在承受的分手，沒有比當時交往時受到的冷落還痛，沒有比被折磨還痛，沒有比被羞辱還痛，沒有比不被愛還痛，那你就咬著牙忍著，別向任何一個人訴說，尊嚴是別人對你最後的尊重。

別急！最適合你的人還在遠方等著，你沒讓自己準備好，怎麼迎向將來的幸福呢！

歷經情傷後的檢討，才會知道，原來我愛的是自己想像的。

有骨氣的女人，得狠心放掉不適合的另一伴，不能將就著過日子，知道現在的痛遠遠不及以後的幸福快樂。當個有風骨的人，對自己下最狠的決定，寧可孤獨也不苟且的活著。

坐在塞納河畔邊聽著音樂彈奏，卻忽然意識到我們有多不合適，我只想一個穩穩的幸福，而你卻要精采繽紛。

希望時間是救贖，讓彼此釋懷心中的傷痛，繼續往愛的旅程走，每一步都是愛，不遺憾。

TAKE
A BREAK

Lonely

有人說羨慕我的生活。你只看到我想讓你看到的那面，我還有更多你不會羨慕的那些面，只敢留給自己一個人。

沒有人理解的世界都是寂寞的。

有時孤獨沉靜時，都會想到過去不堪回首的錯誤，年少輕狂幹的蠢事，可又能如何呢？只能讓時間去淡忘它，卻無法抹滅它曾在心底刻畫的傷痕。

反正人本來就孤獨，沒什麼差異，也沒什麼好失去，不過就回到原點，多了點傷心而已。

看照片寫故事是趟旅程，它會把你帶回那天的情境裡，再次感受著喜怒哀愁，不論當時的自己有多痛或有多快樂，情緒也都不再翻騰，事過境遷再也無關了。

Moody

弟弟說：「在手上綁兩條橡皮筋，當你的負面思緒擴散無法控制時，狠狠的彈兩下，就能把感覺立刻拉回疼痛的當下，下一次，當負面情緒又無限擴張時，就會連結到疼痛感，然後便會停止思想了。」這是對付情緒潔癖的方法，我也想來試一試，今晚就讓我無限沉淪吧！

情緒潔癖真是種要命的病，曾經被檢視的體無完膚，那傷痕還歷歷在目，而今，我卻也如此這般檢視他人，讓人傷痕累累，卻忘記了，每個人都是有故事的人，只有當事者才知道當下的心情，那時選擇這麼做的真正意義，怎能以自身角度輕易用事件來評斷人格。

已經失去這麼多了，還在因為對方心情不好，實在太不划算了。愛自己的第一步，不被不愛自己的人影響。

內心狀態創造外在世界，你想在真實生活中得到的一切，都由心發出；和諧的人際關係、幸福的感情、豐沛的金錢、健康的身體，都可以從你的心開始投射到你真實生活中。怎麼做？先把你想要的一切設定好，想像得到它之後的喜悅，然後就安心等候宇宙的安排讓它來到你生命中報到。

情緒的真實，不代表事件的事實。

Upset

不開心的時候，不妨放一首輕快又奔放的音樂，啟動熱情的血液，搖搖擺擺，雖然事情並未解決，但當下是輕鬆快活的，站在情緒外看自己，把靈魂的自己當第三者，看著自己情緒的起伏，哭完便哭完了，笑完也就笑完了，讓我們不斷的回到最原本的自己。

我們有時對自己下的決定感到徬徨，害怕挫敗而搖擺不定，但也許這是你心底最深層的聲音在引領你，期盼你有不同的跨出，創造不一樣的人生。有時不知方向在哪，就跟從自己的直覺吧。

那些不喜歡的事，如果無力改變，我就選擇不看；此刻無法處理事情的心，就讓時間來圓滿它。

每個人心裡，一定有一個悲傷的按鈕，只要一啟動，就無法停止運轉，像洪水侵襲，讓你無一處生機可期。

看著臉書就像翻日記一樣，知道當時的自己心情是晴是雨。有一段時間我把自己泡在悲傷裡，雙眼空洞無神、心

臟無力跳動、讓自己毫無生氣也無力生氣，眼前的烏雲始終飄不去，我借助很多方式，期待能抓到某個浮木，讓自己重新活過，只因我堅信，現在的眼淚不能白流了。

同一件事掙扎太久會累、會疲乏，然後最終會放棄。

你怎麼會同意把自己人生的快樂交給另一個人來幫你決定呢？我們應該與人為善，更要在乎自己的感受，把快樂當成一件重要的事來看待，如果對方讓你不快樂，你更應該要讓自己快樂，而不是把情緒交給某個人，隨著他對你的好壞而快樂悲傷，這是你的人生欸！

每個人心底都有屬於自己不想說的故事，不揭人傷疤是美德，帶著微笑不表示心裡不苦，只是想勇敢面對每一天，一日當有一日的煩惱，我的信仰是這麼告訴我的，不要以為沒什麼好給人的，一個燦爛的微笑、一句鼓勵的話，都能讓人溫暖。

那些深深淺淺的傷痕，有一天都會成為美麗的過程。

Hurt

如果說一句對不起，就能讓心受的傷瞬間癒合該有多好。
我也很想原諒，可是心還疼著，怎麼對你說沒關係？

我們都受過傷，也都曾有意、無意傷害過人，學習跟人道
歉，是一種事件後的成長，學習原諒別人，是一種自我療
傷，但，請記得，原諒但不遺忘。

痛不是痛，已經麻痺了，希望明天下雨，雨天讓我有好心
情，這麼愛雨天，我想應該是期待雨後的天晴，還有一抹
彩虹，能閃耀我的心。

最痛苦的是，明明知道該怎麼做才是最快樂的，卻違背了
自己。

我喜歡撕裂表面結痂裡面還沒完全痊癒的傷口，那痛徹心
扉的感受，能讓人牢牢記住，再也不犯同樣的過錯。內在
的殘破不堪，就像許多人用外在的光鮮來掩飾內心的空
洞。

如果你對別人沒有期待，你就不會受傷害；如果你對自己
沒有期待，你的生活將不再精采。

Tears

有一種眼淚叫感動，你有多久沒流了。

我就是我，走過的風景，經歷的往事，流過的眼淚，微笑的喜悅。那是我，用陰晴日月堆砌出來的我，如果你不曾深深走入我的心，別用你的膚淺來認識我。

小時候哭跟笑都容易，一切都出於自然，長大以後，我們經常用笑容掩飾著悲傷，於是忘了怎麼笑的燦爛，又該如何哭得斷腸。

情緒在鼻息間流竄，閉上眼，淚卻盈出眶來。

看著每一張自己深深淺淺的笑容，不禁感嘆，風平浪靜的表象內心是需要經過多大的波濤洶湧，你只看見我臉上的微笑，卻沒發現眼底閃爍的淚光。

如果眼淚是醫治，那應該要恢復健康了。

Sorry

我們的生命中，總會被某些事、某些人深遠的影響著，如果當初不是因為某個人或某句話，甚或是某個謊言，我現在可能不是這樣的生活著，這樣的生活著沒有不好，可能很好，但就是不同了，往後的路都不再是自己計畫的模樣，遺憾的是，沒有假如也沒有如果。

每段時間的心境都不同，別逼自己在此刻做下艱難的決定、困擾的思考未知，都是愚昧也是徒勞。

假設只剩今天可以活，你還有多少未完成的遺憾？想說卻遲遲沒說出口的話、想憤怒卻一直不敢表達的事、糾纏不清的感情、你善待自己了嗎？

我們總以為人生很長，長到犧牲自己，卻不明白那稍縱即逝的青春是如何吞噬了我們。

不懂我父母過去是如何教養我的，是什麼成長經歷，可以養成一個這麼負面思考的我，對人事物充滿著不安全感，以至於長大後感到這樣的生活如此難挨，我摸索好多種方式試圖改變這樣的窘境，接觸過「祕密」、「零極限」、

「賽斯心法」、「格西老師」、教會……等等，我透過很多系統來學習、追求心靈上的平靜，收穫許多也改變許多，最後我學到不再一味的強求讓自己快樂，而是看著自己的情緒起來跟落下，並且不加以批判。

一度我好希望自己不像現在的模樣；模樣泛指的不是虛假的外表，而是那像母親一樣的嚴肅性格，像父親一樣漂泊的心；像母親一樣的愁眉淚眼，像父親一樣的千續萬端。

我們都竭力扮演對方心中完美的模樣，卻忘記自己真實的樣子，以為這麼做就能讓雙方得到幸福，卻不知，沒有人能在這中間受惠的。

一點也不需要羨慕別人，因為作自己就是無可取代的了。因為不完美才會更學習，成為一個自己都羨慕的人。

你以為的自信，在經過長期相處後，才發現那是極度自卑造成的自大，一點都不配得。

我有一種病，一種要求完美的病，力求單純無瑕；我有一種病，一種追根究柢的病，探究事物的真相。

Anger

如果你是對的，你根本不需要發脾氣；如果你是錯的，你更沒道理發脾氣了。

覺得呼吸好慢，悲傷憤怒哽在咽喉，那一觸即發的情緒，還等著醞釀時機，似乎絲毫的差池就能驚天動地。

當憤怒燃燒了理智，傷害了加害者，傷口也不會因此而癒合。

為什麼人會有憤怒的情緒？心理學家說，當發生爭執時先用情緒來回應事件本身，那是因為自我形象遭到破壞，將受傷的情緒轉化成憤怒時，焦慮感會降低、自尊可以上升，使人以為可以控制住局面。

Fear

其實我很害怕，夢想還沒實現就一事無成的老去了……

戰勝恐懼唯一的道路，就是越往恐懼裡去。

只有恐懼才能給傷害你的人力量。

讓人恐懼的，往往不是結果，而是那中間舉棋不定的茫然。

Mature

你喜歡現在的自己嗎？你為了多少事忿忿不平，卻又低聲下氣的隱忍，苟且的一天天暗無天日的過。你問過自己，從小到大妥協了多少事情，說過多少次算了啦？你有沒有把尊重自己放在迎合他人之前？你想過你要的生活嗎？曾經寫過的長大後的志願，那個天真浪漫的你還在嗎？

人是習慣的動物，也是會自我保護、自我修復的動物，當一再受到傷害，就會啟動防禦的機制，把自己放在一個安全的盾牌後，判斷可承受風險的能力，以防再度受傷。

我們都習慣掌控局面，掌握住漫長的人生和身邊的伴侶，還有自己的孩子，局限別人照著自己的方式出牌，在控制的最深層底下，是對自我的不安全感及自卑，企圖往外索取自己所缺乏的來填補缺陷的心。

我們都會受媒體、臉書上報導的影響，而勉強自己去做些事，進而想得到被認可，得到認同後才覺得安心，可這是你自己嗎？我想這就是心的自由，自由不是從外求，而是往內要。

我知道為什麼我是個不容易開心的人，拍了十多年的苦情戲，終日把自己浸泡在一個憂傷的氛圍裡，以為要融入情緒會比較容易入戲，後來才發現，情緒是情緒，有感覺就有感覺，沒感覺就沒感覺，當我領悟時，我已經成為一個憂鬱的人兒了，我想這也是成長的代價。

在我理解的世界裡，能被搶走的，都是垃圾，一點都不需要覺得可惜。

如果不付出愛，怎麼得到愛；如果不付出關心，如何得到關心。我會對我喜歡的人特別好，那是個性使然，而且我尊重每一個領域的人，職業不分高低貴賤， 我只在乎那顆真誠的心，如果能輕易動搖的，也沒有存在的必要。

我們應該要聚焦在想成為什麼樣的人，少花點時間去杞人憂天；多用點時間裝備自己，少花點時間去猜忌；多用點時間去幫助人，少花點時間去爭執，多用點時間去閱讀。想要成功，就是行動行動行動，加上恆心，如果你不要在乎別人怎麼想，你就跨出成功第一步了。

小狗汪汪叫，我回頭瞥了眼，轉身繼續向前行，那是從前的態度。
小狗汪汪叫，昂首向前行，這是現在該有的高度。
要叫由牠叫，一點也無關痛養，那是程度的差異。

Happy

「你快樂嗎？」我仔細的看了這四個字，才恍然我遺忘它多久了！你有多久時間沒有讓自己從心所欲、恣意的翱翔在自己的小宇宙中呢？你有沒有為了光鮮的活在別人眼裡而失去了自己呢？你是不是輕易的把自己快樂的權利交給不相干的人？你是生命的主宰者，你的幸福跟快樂只有自己能買單。

幸福的人應該要長什麼樣？微揚的嘴角、自信的微笑、清徹的眼眸、遮掩不住的情意，這應該就是幸福的模樣。

擁有得愈多，才知道需要的很少，當一個手心向下的人很幸福。

一日當有一日的煩惱，我們只管今天好好過。如果你想快樂，要把生活跟夢想連結在一起，而非某個人或某件事。而你快樂嗎？

今天不管是誰陪伴在你身邊，你都得憑藉著自己得到幸福快樂。

就這樣隨心所欲的活著，快樂的過自己的生活，大聲的吶喊、盡情的享受、熱情的微笑。愛我的，我便把你放在心上，不愛我的，我也不再需要為你認真。

雖然現在的生活是快樂的，但並非它是完美無懈可擊的，而是我不再糾結在那不完美上。我也有屬於我的不完美，所以我選擇定睛目光在那令人喜悅的事上。

今天開車回家路上看見一個唐氏症的兒童，想起我擔任愛心大使多年的台南朝興基金會。智能不足的孩子都是特別純粹快樂的，他用最天真的微笑回應這世界的冷漠，而我們用武裝來掩蓋了內心最真實的感受，和他們相處的過程中，是讓我最不費力最原始的愛，你知道，只要愛他，他就會給你滿滿的回應，而且沒有利益沒有條件的。

C'EST
LA VIE

Life

有時我們總在心底大聲尖叫，這世界待我們如此不公平，不美滿的婚姻，窮困潦倒的生活，得不到重視的工作，可聲嘶力竭完之後如何，耗盡了所有氣力，然後又一天的開始，日復一日的反覆著，卻提不起來改變。不該是如此的，應該大力翻轉，不停的禱告，永不放棄希望的行動。

如何讓你的人生富足？當你所處的行業、所行的益事，都是利於他人，都是這個社會所需要的，你的精神跟你的金錢都不致匱乏了。

人生最大的諷刺是，現在過的，跟當初想的完全不一樣。

往往一事無成，最後只感動了自己。

忙碌失去了生活，閒暇忘記怎麼生活，都是種體驗，工作

也好，放假也好，都是最好的安排。

人生本來就很難，求學、就業、拚事業、討生活、人際關係、婚姻關係……太多不如自己的期待發生了，可如果一直專注在那不如意的事上，日子都不用過了，應該定睛在那可期待的美好上，期待事物如你想的，它就會美妙的發生。

想清楚自己要的生活，懂得不要勉強別人。

人生最美的風景，是為每一天努力活著。我們得活出生命真正的喜悅，而那甘苦只有自己知道。

人生就是這樣，不會都如你願，也不會都如我願。想用力的呼吸、盡情的生活，即便從前千瘡百孔，也要為將來奮力一搏。

我有一個小心願，晚飯後帶著小孩去散步，大白天素顏出門，下雨時在陽台欣賞，在家煮一頓晚餐，帶著家人出國度假，斷捨離過簡約的生活。

賴床真是這世界最好的發明了，沒有一天不賴床。

Action

你準備粉墨登場沒？一套你覺得最美的戰服，可以驚豔全場，沒有多餘的贅肉脂肪，穠纖合度，充沛的知識、學識，一個人踏出世界國度的勇敢，遇到批評可以釋懷的器度，可以凌駕所有挑戰的專業，你隨時都準備好上場沒？

堅信努力的過程，不會沒有收穫，就算最後是失敗的，也學得寶貴的經驗。我曾經花了很多時間準備一份申請的資料，唯一的資訊來源就是相關單位沒有建樹的輔助而已，沒有任何資料可供參考，也無人可以詢問，我沒日沒夜得準備那份申請文件，我堅信，在這過程中，我已學到我不曾有過的了。

鍛鍊的過程很痛苦，但看到成果時會很甘甜，看世界盃是

很有感觸的，要當就要當最棒、最厲害的那一個，像世界盃足球巨星一樣，不要在睡前計畫千百回，醒來卻一次都不行動。

那些虛妄的假象，引你步步走向泥濘，誰若當真誰便上當。

愚蠢的行為，是要在事件後付出多慘痛的代價，以及賠上一輩子的記憶來償還。

如果知道自己還沒足夠能力抵抗，那就避開這樣的僵局。

根本不用想公不公平，只管做想做的、該做的，身為一個正派的人該有的行為。

好運就是遇到欣賞你的人，還給了你機會，並且你牢牢把握住了；這個牢牢是需要多艱辛的磨練，不捨晝夜才可得的。

應該把焦點擺在自己要的事物上面，別浪費了時間聚焦在擔憂，把你的憂愁交給上帝，只管專注的往自己想做的事上全力以赴，因為歲月匆匆稍縱即逝。

Frustration

我想最不需要批評的對象是自己，因為每天已經有很多人在幫忙了。

所有的不甘心，最後害到的只有自己，耗盡時間最後只得更多的傷害，無一好處。

我們在某方面都會有些自覺或不自覺的優越感，自以為得意甚或不可一世，可，我再棒，那也是我以為的事，如同，你再棒，那也是你家的事，當你指著別人品頭論足時，請回頭想想，你又值幾分高尚呢？你怎麼評斷別人，那真的是「林叨ㄟ代誌」！

人們經常用詆毀別人的方式來成就自己，好比踏著屍骨拚命的往上爬攀，非得爭得些什麼功名權位，才肯善罷甘休。

要求、計較，只是在跟自己過不去，為難了自己也讓人煩了而已。

正面思考很神奇，懷抱著希望過生活特別有元氣，每一天都有新的期待跟驚喜，最重要的還能訓練毅力，就算今天還不如預期，可仍堅信宇宙已為你排定到來的日期，只要靜靜等候你。

Choice

對於人生，你只有兩個選擇，成為更好的自己，或被這個環境同化。

選擇做該做的事，跟選擇做快樂的事，這往往是兩回事。不要說自己早就習慣了，其實一點也不習慣，也不想習慣，與其一起將就，不如一別兩寬。

如果我不換種生活方式，到老我都會埋怨自己，是自己沒找到出路才賴著不走，然後用許多當藉口，還坐以待斃，還無路可退。我得要在被選擇前先選擇，不解決問題，就等著被問題解決。

出社會後經歷得愈多愈是成熟，我已經學會，不再把幸福跟希望寄託在某個人身上了，沒有人不會離開，也沒有誰非誰不可，我不是太陽，地球不會圍繞著我公轉。

Courage

躲在文明背後的勇敢，希望自己可以再執著一些，哪怕堅持得很傻，生而為人、懷抱著幸福與夢想，應當不為過。

勇氣並不會伴隨著年紀而增加，人們總是習慣把自己擺在安全的地方，怕受傷、怕傷害人，什麼時候才能真誠的面對自己。

應該要把自己一直維持在這種狀態，經營好自己，應該要很舒服的活著，不是掐住自己也掐住對方，想舒服自在的生活，這是一種選擇，當然也可選擇只相信自己，想過什麼生活，若你發現你選錯了路，無法抵達你想到的地方，那就承認錯誤吧，這是勇敢。

Dream

每個人都有夢，都有過去刻畫的傷痕，我們帶著過去的傷痕，圓著未來的夢。

只有想像力可以局限你的夢想。

行動，是夢想的種子。

築夢的人心都很美，有一個明確的目標，路途中的磨難似乎都沒那麼重要了，一心一意的朝自己的目的地走，不論大或小，只要是你的夢，那就是最美的。

雖然未來充滿挑戰，也不知道能力是否足以應戰，謹記著初始的信念，努力到這裡，不是為了來放棄的。

不知道你能不能體會把每一件事都當成是最後一次來做時，你會特別認真，也會特別珍惜，希望把它做到最好，

不管是對人或對事情，並且給自己一個終極的目標，然後
死命的邁去。

你夠努力了嗎？為了成功你是奮不顧身的的前行嗎？你走
的每一步都是離你夢想更近的一步路嗎？

Success

你將來的成就，受制於現在的思考，我們的行動跟決定，受制於過去的經驗跟思考，現在的你是過去累積的，將來的你，也是現在思考的成果。

在有出路的時候找退路，無路可走時才能打破出路。

我們永遠無法為過去發生的事做點什麼，那是擠破頭、拚了命，也無法更改的，但可為明日努力，那是自己可創造、可刻畫的新的一頁。

任何的爭執要的只是最後的結果，不要在中間洩漏了自己弱點，那過程是為了最後的成功。

你夠努力了嗎？在邁向成功這條路上，你是卯足全力的嗎？

只要意志夠堅定，信念不可動搖，終究會如你我所願的！

選擇比努力更重要。

不管外在的世界如何紛擾，依舊安住在當下，專注內心的自在，當你能盡情的做自己想做的事，那你就贏了。

Cherish

人生到這個階段，除了賺錢養家供房之外，還想能自助去各個城市旅行，走遍世界的角落，嘗遍各地的美食，有一個臭味相投，人生目標一樣的伴侶。

當我能操控自己的人生時，我要陪我的家人一起看遍世間繁華，與他們共盡春夏秋冬，一同經歷冷暖喜樂哀愁，把我最珍貴的給他們，是時間、是金錢、是我的愛。

人生就是如此，只要你願意開始，一切都來得及。

這幾天試著讓自己放得很鬆很鬆，觀察到很多細微的表情不再顫抖了，原來，真的可以用心理戰勝身體，就算工作

中還是可以樂在其中，玩得很開！

外面的世界很精采，想讓自己變得可愛，困在這裡選擇人生無奈，走出去，再不回來。

即便沒有天天過年，也沒有天天風雨的，烏雲總會飄去，陽光總會曬得你滿身通紅，在此之前，靜心等候，預備自己。

定睛在此刻我擁有的事物上，然後放大它、感受它，覺得相當美好。

Enjoy

午后的時光，排骨飯配上冰綠茶，偶有的冰滴咖啡，難得的陣雨，親聲低語的小故事，撫著背跟小手，特別浪漫。

有一種浪漫叫陪伴，那是花了時間、用了心思，營造生活的小樂趣，膩在對方身邊一整個午后，說說情話，講點天長地久，只為得情人一抹燦笑。

喜歡宅著發懶，卻每到一個新環境，都先找到露台、花園，開著窗，呼吸室外的空氣，聞聞風、花、草的滋味，心曠神怡、怡然自得。

有些電影，總能在看後，留下些深刻的字句。「我不想活得比我兒子還要久。」覺得句話特別讓人動容。

若有來生，我要當詩人，寫盡世間風情萬種，
把滿心的情意洋溢眼底融在筆。
若有來生，我要當大雨，流遍情人痛徹心扉，
把滿腔的愛火徹底澆熄化灰燼。
若有來生，我要當畫家，刻畫靈魂栩栩如生，
把滿腦的情境揮灑徜徉畫紙裡。

STAND
BY ME

People

有時我們把某些人放的太大，把自己看得太小；有時又把某些人看得太小，把自己放得太大。決定這想法的人是你、是你的心，不是環境不是其他人，在自己以外的一切，都是你給的定義，是你賦予他的。

每個人都有他生活的難處，我也不例外的都有，可是就算日子再艱難，我們都不能忘記初衷，並且當個正直的好人。

我們在生活中、職場上認識許多人，有些善的、有些讓人不開心的，形形色色什麼樣的人都有，外在世界是內在世界的投射，好在我大多遇到良善的人，相聚時珍惜緣分，分手時沒有遺憾，然後再期待下一趟旅程，有你我的陪伴。

有些人說話直白、不特別溫文儒雅，樣貌也沒特別俊俏美麗，卻有溫度，讓人從心裡溫暖起來、信任了，感謝身邊一切美好的人事物。

沒有永遠的朋友，有一天走著就散了淡了；也沒有永遠的敵人，分開後再相聚心境不同，態度也就不同。

沒有誰是天生冷漠的，他必定被狠狠傷過，才學會了武裝，從此他的世界只剩下黑跟白，沒有其他色彩。如果你想融化他，就給他的世界疊上一抹彩虹，讓他再次恢復往日的光采。

愚昧人把骯髒的人事物，放在自己生活中來玷污了自己。

Words

話該怎麼說，因人而異；話該怎麼聽，見仁見智。

你說是風就是風，我說是雨就是雨，你不必理解我，我也無需認同你。

曾經有個老師告訴我，會寫的人不會說，會說的人不會寫。不知道真的假的，但是自從我聽過後，好像被催眠一樣，無形中被影響著，可怕的是，不只不會說，還經常詞窮不會寫，是在誤人子弟嗎這老師？

有些事腦子別記得太牢，說了傷人，不說傷心。

不用理會說你閒話是非的人，他們有嘴未必有腦。

別企圖對牛彈琴，還指望牠與你一起共鳴。

Friendship

如果你不是我看到的樣子，就不要讓我看到你真正的模樣，那這一切都太噁心了。

不要想當一個大家都愛的好人，不會有人都愛你，你再好，都有人討厭著，你再差，也還有人喜歡你，不用怕得罪人，那才能表現你的性格。

你有沒有深夜睡不著覺，搜尋著臉書中某個朋友，然後逐一看過他的發文、他的相片，想追逐些蛛絲馬跡，還曾經去按過的讚？不要再假藉朋友的虛名行偷窺的事實，臉書的朋友 不是全部都朋友。

因為我想好好的作自己，所以得先讓別人好好的作自己。你想得到甚麼必須先給予，於是我親手將我的想像埋葬，讓日子繼續過下去。

關係是事件建立起的，信任也是需要時間考驗的，所以要信任也要確認。

原來交出去的信任，放在錯的人身上，都會成為傷害自己的武器。

微笑是要真誠的，心是要放在珍惜的人手上的，別輕易交出你的心，放在不真誠的人手裡，得不到回應還一身傷。

你心裡最清楚，誰把你放在心上，誰在珍惜你，真正的情誼，不是利益交換，不是改變對方，而是發自內心的，我就是要對你好，僅僅而已。希望你有、我也有。

很久沒笑得這麼甜了，與人相處就像在照鏡子，你給我什麼，我還你什麼，而且加倍！

真心的好朋友

你有難忘的朋友嗎？你認識她的家人，她也認識你的家人。她陪你做過許多光怪陸離的奇異事；在你難過時，一個人站在空蕩的高鐵站痛哭時，你只會想找她；她偶爾會說出幾句中聽的話，救你脫離苦海，離苦得樂，會因為她露露長的簡訊得到頓悟。

但大多時候，她就是只陪伴跟傾聽，懂你的程度遠遠大過你懂她，有時甚至很白癡的逗笑你——問她：「我的臉擺在茶花邊，到底誰比較美？」她會二話不說告訴你：「當然是茶花比較美，但是我比茶花香（原來茶花是沒香味的）！」

她是陪伴我走過人生超低潮的朋友。她陪伴我浪跡天涯，陪我走了一趟又病又沉默的歐洲——到義大利搭著公車晃來晃去，一句話都不聊、一人坐一排；在倫敦第一天還被騙光錢，卻莫名笑得最開心的一天。

她陪我完成我的夢想——搭上頭等艙夜鋪火車從威尼斯睡到巴黎，卻擠得要命，一路噩夢……

在至交好友面前可以是最真實的模樣，沒有絲毫遮掩；因為最墮落的模樣早已見怪不怪，在她面前你能很安心，因為你知道，不論如何，她都會陪著你，那已經是超越好朋友、與性別界線的深厚情誼了。

那是我生命中很重要的朋友，我會永遠記著，並且祝福她！

Judge

真正的修養，就是能接受他人的不同，並且不加上任何批
判。

心裡疆界不清楚的人，才會逼別人跟自己有相同的情緒。

沒有任何一套標準可以衡量人，也沒有任何一個人可以評
斷別人，除非你甘願接受別人在你身上貼下的標籤，照著
標籤上的明細，履行你的一生。所以親愛的你，請學會傾
聽自己的聲音，如果連你自己都不聽從自己的心，你只能
任由別人來支配你。

其實很多時候我們的心是清明的，看事物特別清楚，可往
往下不了決心。有時候，我們會被表象的溫柔，蒙蔽了雙
眼，最後愛上的只是自己的想像。

每個人都能擁有自己的感覺，但不該給對方的感覺加上是
非對錯，批判別人的同時會產生心理距離，唯有行為、思
想才有對錯之分。

Me and I

用心看，每個人都有自己的角度，山自有道，水自然成。我就是我，我的人生不該由別人來定義，我說它開闊就開闊，我說它封閉就封閉。

除非自我意識的同意，否則沒有人傷害的了你，包含著有形無形眾生，所有的好與壞都是經過自我意識同意才能發生的。

永遠都別忘了要作自己，別再為了誰捨棄那獨特、與生俱來魅力的你，心高氣傲也好、自慚形穢也沒關係，請真誠的面對自己，不停歇的反覆提醒，取悅自己遠遠勝於取悅你，一旦力竭心疲，再假裝也沒有一絲力氣，那個懂你的人，也許現在不在身邊，但他將來一定會在你生命裡出現。

別人喜不喜歡你並不重要，你喜不喜歡你自己才重要。我們都不活在別人的嘴裡，認識我，不要經過你的耳朵，讓你的心去感受。

開心就大笑，難過就哭，生氣就沉默然後才發怒，餓了就卯起來吃，睏了就把自己睡死，認真時就爆肝，有能力就給予，淋漓盡致的透澈生活，那是我，不完美，可是我喜歡這樣的自己。

因為學歷不高，所以我寧可把時間拿來多看點書、多背點英文單字，也不願用在逛街、買名牌、梳妝打扮上，寧可充實內在的自己，也不要虛妄的外表。

我相信微笑的臉，就是世上最美的畫面。默默許下，讓我們都當個誠實的好人，不論事物更迭變遷，總不被壞的所引誘，你依然是你，我依然是我。

你必須夠強大，才扛得住黑暗的力量，歷經苦與樂、幾番春秋，有關也無關了。

時日愈久反愈清晰，我的個性源於我是誰，我的態度源於你是誰，想看我的回應，先看你的反應。

Who You Are

你是誰？你是個什麼樣的人？那是過去的思想塑成的你，明天你會成為什麼樣的人，由今天的你決定，每一天都在建構明天的自己。自己的思想態度可以決定將來的日子，其實每一種感受可以透過練習得來變成習慣的。

別人如何看到你，並不代表你真實的樣子，那往往是對方心理的投射，是他成長教育下所看到的你。你看待別人的樣子，也不是對方真實的模樣，那都是成長教育下投射出來的。

你夢想中的自己是什麼樣子，你唯一能決定的只有自己的人生、你的體態、你的樣貌、你的穿著、你的個性、你的涵養、你的學經歷。那就是你，無可替代的自己，正視它、接受它、而且非常喜歡它。

我本就是生性清冷的人，並非對人事物漠不關心，只是更懂得善良是看人給的，你對我熱情，我就讓你沸騰，你對我冷漠，我就降到冰點。愈大愈了解自己，我是天蠍座，嫉惡如仇、愛恨分明，更甚是，愛之欲其生、惡之欲其死。

Love Yourself

所有挫敗的關係中，總有些獲得，至少它讓你學到不聚焦在別人自私的行為上，並且該如何愛自己。

你看見一朵花好美，你摘下它，帶回家，是好喜歡。你看見一朵花好美，你灌溉它，滋養它，靜靜欣賞它，那是愛。讓你所愛的盡情展現自己，用愛戀澆灌它，看著它茁壯滋養成熟。

練習自我暗示，喜歡上你自己，任何一個層面都可以，可以是外貌、身材或是智商、學識、涵養，找一個你喜歡的部分來放大它，去感受那份美好，告訴自己你很棒還可以更棒，張開眼的每一天都先給自己一個信心的宣告，祝福自己的今天多麼美好。

你若無法愛自己，是不懂愛別人的，接受自己全然的狀態，它可能含括著很多不完美跟缺陷，但是你相信透過努力跟學習會讓夢想達標。

我不會因為穿名牌更高貴，也不會因為穿了路邊攤而變得低俗，我的價值不在於你的眼光，在於我如何看待我自己。

每個人都該活出屬於自己的樣子，而且你就是你，別人無法替代，胖瘦美醜無所謂，就是獨一無二的你，活的自在真的無與倫比的開心。

當你努力跟上這社會一般的標準時，你問過自己：你快樂嗎？

我要拾起畫筆，深刻記錄出國的點滴風景。我要盡情的美麗，做日月最美的晨曦。我還要深刻親近上帝，小羊終於能回家去。

Travel

這不是一趟開心的旅程，沉默比開口多，在飛機航行的高空，好像離上帝近一點，跟宇宙密切一些。一直以來都在追求心靈上的平靜，而這塵世間攪擾的人事卻紛紛向我襲來，招架不住讓我想逃，以為離開了熟悉的地方，心就能開闊，問題自然就有解答，殊不知，越是逃離它越是迎面撲向，讓你無所遁逃。

那時的我思緒混亂、鬱鬱寡歡，沒有明天的過著今天，最放鬆的是能在這趟旅程裡盡情的作自己，開心我就說兩句，憂鬱我就淚兩滴。再也不用理會別人是如何的看待我，反正誰也不認識我，我誰也不認識。我就是為了盡情悲傷才來到這個城市的。

旅程中總有些自以為是的事件，長得胖胖的柴犬獨自在公路上還算乾淨，一度以為牠是剛被主人遺棄，千方百計的引誘牠上車，最終才知道，牠是在地的。那好像我們看別人，給他投射了許多自我意識在身上。我不知道你的故事，我怎能輕易評斷你？也是一種自省。

總是可以在每段旅程中發現不同以往的自己，順從自己心底最渴望的，然後放肆的從心所欲去生活，不必在乎旁人是如何看待自己的一言一行，關注的只有自己，不用再活在別人的嘴裡跟眼底。

縱使擠身在光彩奪目的城市，也想回歸平凡安心的小鎮。

KEEP THE FAITH

Wisdom

最可怕的就是明知山有虎偏向虎山行，拉都拉不住，許多事除了相信自己的感受之外，也相信你身邊重要的長輩給的智慧話語，我很好運，身邊的長輩總是給我很多人生經驗的分享，他們經歷的遠比我還多，總能用清晰的心把我被蒙蔽的雙眼拭亮。

一念天堂，一念地獄，今日是何人，明日也將是何人。

人生只有三件事——你的事、我的事、老天的事。別人的事輪不到你來說，自己的事自己說，老天的事祂決定。

放棄追求愛、讚賞、認同，你就自由了。

我們都是經過上天的安排，來到這世上走一遭的，做完一件事情換下一段旅程，一段又一段，你沒有辦法決定去處，但是你能決定你的心。

有一種溫柔，內心很堅毅。

由愛故生憂、由愛故生怖、若離於愛者、無憂亦無怖。特別喜歡這幾句話，人世間的愁苦憂慮都源自於愛，人生本無常，合則聚不合則散，天地萬物皆有定命，不執著、不掌控，也許就能愛得更灑脫。

沉默，是一個人最大的哭聲，最憤怒的抗議。

為自己的行為負責，但不為別人的情緒負責。

長相不用太美，有特色就好；能力不用太強，有實力就好。

Aware

我們是意識的聆聽者，找回生活的掌控權，放下手邊無意義的事物，你會發現，時間多了、情感多了、感動多了。

看盡萬千風帆，唯見心愛的人健康、快樂著就好，那才是大過一切的。

如何在有限的人生中，留下永恆的價值。

真真假假、假假真真，滾滾紅塵、虛幻泡影，親眼所見、亦非真相。

事實的真相總跟正面思考有出入，那是一件相當衝突的事情，一方面要處理真實的狀態，另一邊要騰出心思來說服事情不是的這樣，我經常覺得這是件自我催眠的行為。

暫時的忍耐，是為了將來的痛快。

不做違背良心的事，包含不真誠的微笑、心理不踏實的言語、讓人受傷的行為，只想圖個心安理得的安穩睡眠。

不求大富大貴，但求問心無愧。

Thankful

告訴你一個祕密，我原本的生活因為兩本書跳脫到另一個世界，因著這兩本書讓我改變了思考模式、行為習慣，學習如何去感恩，於是我的世界跟著改變，現在的生活就是我當初觀想而來的，而那些不盡人意的，也是自己觀想來的，所以你得隨時讓自己保持警醒，注意自己的思想變化。

人生路上，跌跌撞撞，總會適時碰上扶你一把的好人，明白自己的不足，也感念溫暖的雙手，期待有一天也能為別人做點什麼。

謝謝那些知道我的缺點、我的壞脾氣，卻依然留在我身邊守候著，風吹雨打也未曾離去的你。

真正的富有，應該以生活質量來衡量，是否過著屬意的日子，心靈是否富足平安，讓身邊的人感到安全、放心，甚或為這社會貢獻些什麼。

Practice

不要抵抗你負面的情緒，它能讓你察覺你心深處的不自信跟渴望，用另一種有建設性的方式改變現狀，那才是成長。憤怒的發生，其實背後藏著極大的期待、希望、認同與愛。

人生該即時行樂的，在能愛時用力去愛，快樂時開口大笑，能給予時慷慨捨得，悲傷時嚎啕大哭，在能放下時寬容饒恕，認真的活著，奮不顧身，義無反顧。

學習用寬容處理事情而非情緒。張牙舞爪的表情很嚇人，從生活中去體會自己該修正的。

把焦點重新放回自己身上，讓自己每一件事、每一天都很舒心，學會用意識創造實相，立刻把負面思緒拉回當下，不要讓想像力的恐懼殺死自己。

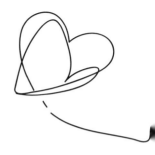

什麼都沒變，唯一改變的是心，該練習表達這件事，除了生氣跟拒絕溝通還有好好說這條路，做自己該做的，其餘的都不關自己的事。

轉移目標是一種辦法，如果當下無法面對跨不過，那就轉移你的視線吧。正所謂山不轉路轉，路不轉心轉。

練習在生活中果敢決定想要的，不扭捏不反覆，然後在練習二十一次後成為一種習慣。

眼神是騙不了人的！所以選擇當一個誠實的好人，對自己的心誠實。

Faith

生活不管過的好不好，上帝總有要教會我們的事，祂會讓你明白此刻的安排，且是你能承受的。

把工作做好，也是榮耀上帝的方式之一，因為祂賦予了你這樣的天賦，在工作中，盡可能的賺錢，然後盡可能的對人慷慨。

親愛的天父，謝謝祢在我們當中賜下平安的祝福，雖我們偶有怨氣，但不含怒到日落，在爭執時安靜我們的心，保守我們的口舌，並不論斷他人，懂得饒恕跟包容。

「信心若沒有行為就是死的。」這是我在《聖經》〈雅各書〉2 章 17 節裡看到的話，我們經常在意氣風發時展現自我的信心，但卻在低潮期忘了那信仰帶給我們的力量，唯有在不如預期時依然仰望著上帝，用行為表現帶著信心期盼著。

親愛的天父，謝謝祢，總是讓我隨時見證到生命的奇蹟，

事情的發生可能就在我剛禱告完，天父就默默的應許我了。親愛的天父，祢說，信心沒有行為是死的，我時時不敢掉以輕心，在低谷時，我倚靠祢的力量，昂首闊步，高峰時，我憑借祢賜與的勇氣，展翅上騰。

基督徒常說：「苦難是化了妝的祝福，而魔鬼也會裝扮成光明的天使來欺騙你，所以不行在罪中，才能與神同行。」

親愛的主耶穌，請讓我遠離那試探，不要往懷裡揣火，不連衣服都燒了嗎？

背叛上帝的墮落天使，從前是座前的天使，因狂妄自大、不懂謙卑，企圖與上帝齊名，被上帝逐出天國，祂在伊甸園引誘亞當跟夏娃，讓罪進了這世界，成為現在的撒旦，所以別跟天使打交代，你如何確認祂不是那隻墮落的。

只要有欺騙，就沒有任何關係的存在。很喜歡這段話，就像聖經中，大衛王說過：「行詭詐的，必不得住在我家裡，說謊話的，必不得立在我眼前。」

我喜歡你，是真心的；
我討厭你，也是真心的。

作　　　者／李　燕
美 術 編 輯／方麗卿
企畫選書人／賈俊國

總　編　輯／賈俊國
副 總 編 輯／蘇士尹
編　　　輯／高懿萩
行 銷 企 畫／張莉滎・廖可筠・蕭羽猜

發　行　人／何飛鵬
法 律 顧 問／元禾法律事務所王子文律師
出　　　版／布克文化出版事業部
　　　　　　台北市中山區民生東路二段 141 號 8 樓
　　　　　　電話：(02)2500-7008　傳真：(02)2502-7676
　　　　　　Email：sbooker.service@cite.com.tw
發　　　行／英屬蓋曼群島商家庭傳媒股份有限公司城邦分公司
　　　　　　台北市中山區民生東路二段 141 號 2 樓
　　　　　　書蟲客服服務專線：(02)2500-7718；2500-7719
　　　　　　24 小時傳真專線：(02)2500-1990；2500-1991
　　　　　　劃撥帳號：19863813；戶名：書蟲股份有限公司
　　　　　　讀者服務信箱：service@readingclub.com.tw
香港發行所／城邦（香港）出版集團有限公司
　　　　　　香港灣仔駱克道 193 號東超商業中心 1 樓
　　　　　　電話：+852-2508-6231　　傳真：+852-2578-9337
　　　　　　Email：hkcite@biznetvigator.com
馬新發行所／城邦（馬新）出版集團 Cité (M) Sdn. Bhd.
　　　　　　41，Jalan Radin Anum，Bandar Baru Sri Petaling，
　　　　　　57000 Kuala Lumpur，Malaysia
　　　　　　電話：+603- 9057-8822　　傳真：+603- 9057-6622
　　　　　　Email：cite@cite.com.my
印　　　刷／韋懋實業有限公司
初　　　版／2020 年 1 月
售　　　價／300 元

人海中遇見你 我是如此幸運

也許時間是種宿命 只許在這時間點讓我遇見你

曾經受傷的我 彷彿已經痊癒

是你讓我不藥而癒 過去的心痛已銷聲匿跡

我何其有幸

成為你生命的唯一 從此不再無依

周圍羨慕的眼睛 都讓我更加珍惜你

你是命中注定

情願只被你占據 綻放生命短暫的美麗

莫名的勇氣 都讓我更加肯定自己

駐足在你身邊 徘徊在你心裡

不再輕言放棄 不再壓抑自己

我要成為你命中注定

這一世只願為你見證那愛情的奇蹟